清·吴敬梓著

儒林外史

四册

黄山書社

儒林外史第十三回

蘧駪夫求賢問業　馬純上仗義疎財

話說婁府兩公子將五百兩銀子送了俠客與他報謝恩人把革囊人頭放在家裏兩公子雖係相府不怕有意外之事但血淋淋一個人頭丟在內房階下未免有些焦心四公子向三公子道張鐵臂他做俠客的人斷不肯失信于我我們却不可做俗人我們竟辦幾席酒把幾位知己朋友都請到了等他來時開了革囊果然

用藥化爲水也是不容易看見之事我們就同諸友做一箇人頭會有何不可三公子聽了到天明吩咐辦下酒席把牛布衣陳和甫蘧公孫都請到家裏住的三箇客是不消說只說小飲且不必言其所以然直待張鐵臂來時施行出來好讓衆位都喫一驚衆客到齊彼此說些閒話等了三四箇時辰不見來直等到日中還不見來三公子悄悄向四公子道這事就有些古怪了四公子道想他在別處又有躭擱了他革

囊現在我家斷無不來之理看看等到下晚總不來了厨下酒席已齊只得請衆客上坐這日天氣甚暖兩公子心裏焦躁此人若竟不來這人頭却往何處發放直到天晚革囊臭了出來家裏太太聞見不放心打發人出來請兩位老爺去看二位老爺沒奈何纔硬着膽開了革囊一看那裏是甚麼人頭只有六七觔一箇猪頭在裏面兩公子面面相覷不則一聲立刻叫把猪頭拏到厨下賞與家人們去喫兩公子悄悄

相商這事不必使一人知道仍舊出來陪客飲酒心裏正在納悶看門的人進來禀道烏程縣有箇差人持了縣裏老爺的帖同蕭山縣來的兩箇差人叩見老爺有話面禀三公子道這又奇了有甚麼話說留四公子陪着客自己走到廳上傳他們進來那差人進來磕了頭說道本官老爺請安隨呈上一張票子和一角關文三公子叫取燭來看見那關文上寫着蕭山縣正堂吳為地棍奸拐事案據蘭若菴僧慧遠具控

伊徒尼僧心遠被地棍權勿用奸拐霸占在案
一案查本犯未曾發覺之先自潛跡逃往貴治
爲此移關煩貴縣查點來文事理遣役協同來
差訪該犯潛踪何處擒獲解還敝縣以便審理
究治望速望速看過差人禀道小的本官上覆
三老爺知道這人在府內因老爺這裏不知他
道些事所以留他而今求老爺把他交與小的
他本縣的差人現在外伺候交與他帶去休使
他知覺逃走了不好回文三公子道我知道了

你在外面候着差人應諾出去了在門房裏坐
着三公子滿心慚愧叫請了四老爺和楊老爺
出來二位一齊來到看了關文和本縣拏人的
票子四公子也覺不好意思楊執中道三先生
四先生自古道蜂蠆入懷解衣去趕他旣弄出
這樣事來先生們庇獲他不得了如今我去向
他說把他交與差人等他自已料理去兩公子
沒奈何楊執中走進書房席上一五一十說了
權勿用紅著臉道真是真假是假我就同他去

怕甚麽兩公子走進來不肯改常說了些天平的話又奉了兩杯別酒取出兩封銀子送作盤程兩公子送出大門叫僕人替他拏了行李打躬而別那兩個差人見他出了婁府兩公子已經進府就把他一條鏈子鎖去了兩公子因這兩番事後覺得意興稍減吩咐看門的但有生人相訪且回他到京去了自此閉門整理家務不多幾日蘧公孫來辭說蘧太守有病要回嘉興去侍疾兩公子聽見便同公孫去候姑丈及到嘉興蘧太守已是病得重了看來是個不起之病公孫傳着太守之命託兩公子替他接了魯小姐回家兩公子寫信來家打發婢子去說魯夫人不肯小姐明於大義和母親說了要去侍疾此時采蘋已嫁人去了只有雙紅一個丫頭做了賠嫁叫兩隻大船全副粧奩都搬在船上來嘉興太守已去世了公孫承重魯小姐上侍霜姑下理家政井井有條親戚無不稱羨婁府兩公子候治喪已過也回湖州去了公孫居

喪三載因看見兩箇表叔半世豪舉落得一塲掃興因把這做名的心也看淡了詩話也不刷印送人了服闋之後魯小姐頭胎生的箇小兒子已有四歲了小姐每日拘着他在房裏講四書讀文章公孫也在傍指點却也心裏想在學校中相與幾箇考高等的朋友談談舉業無奈嘉興的朋友都知道公孫是箇做詩的名士不來親近他公孫覺得沒趣那日打從街上走過見一箇新書店裏貼着一張整紅紙的報帖上寫道本坊敦請處州馬純上先生精選三科鄉會墨程凡有同門錄及硃卷賜顧者幸認嘉興府大街文海樓書坊不誤公孫心裏想道這原來是箇選家何不來拜他一拜急到家換了衣服寫個仝學教弟的帖子來到書坊問道這里是馬先生下處店裏人道馬先生在樓上因喊一聲道馬二先生有客來拜樓上應道來了於是走下樓來公孫看那馬二先生時身長八尺形容甚偉頭帶方巾身穿藍直裰脚下粉底皂

靴面皮深黑不多幾根鬍子相見作揖讓坐馬二先生看了帖子說道尊名向在詩上見過久仰久仰公孫道先生來操選政乃文章山斗小弟仰慕晉謁已遲店裏捧出茶來喫了公孫又道先生便是處州學想是高補過的馬二先生道小弟補廩二十四年蒙歷任宗師的青目共考過六七個案首只是科場不利不勝慚愧公孫道遇合有時下科一定是掄元無疑的了說了一會公孫告別馬二先生問明了住處明日

就來回拜公孫回家向魯小姐說馬二先生明日來拜他是個舉業當行要備個飯留他小姐欣然備下次早馬二先生換了大衣服寫了回帖來到蘧府公孫迎接進來說道我兩人神交已久不比泛常今蒙賜顧寬坐一坐小弟備個家常飯休嫌輕慢馬二先生聽罷欣然公孫問道尊選程墨是那一種文章為主馬二先生道文章總以理法為主任他風氣變理法總是不變所以本朝洪永是一變成宏又是一變細看

來理法總是一般大約文章旣不可帶注疏氣尤不可帶詞賦氣帶注疏氣不過失之于少文采帶詞賦氣便有碍於聖賢口氣所以詞賦氣尤在所忌公孫道這是做文章了請問批文章是怎樣個道理馬二先生道也全是不可帶詞賦氣小弟每常見前輩批語有些風花雪月的字樣被那些後生們看見便要想到詩詞歌賦那條路上去便要壞了心術古人說得好作文之心如人目凡人目中塵土屑固不可有卽金

玉屑又是着得的麼所以小弟批文章總是採取語類或問上的精語時常一個批語要做半夜不肯苟且下筆要那讀文章的讀了這一篇就晤想出十幾篇的道理纔爲有益將來拙選告成送來細細請教說着裏面捧出飯來果是家常餚饌一碗燉鴨一碗煮雞一尾魚一大碗煨的稀爛的猪肉馬二先生食量頗高舉箸來向公孫道你我知已相逢不做客套這魚且不必動到是肉好當下吃了四碗飯將一大碗爛

肉吃得乾乾淨淨裏面聽見又添出一碗來連湯都吃完了抬開桌子啜茗清談馬二先生問道先生名門又這般大才久已該高發了因甚困守在此公孫道小弟因先君見背的早在先祖膝下料理些家務所以不曾致力於舉業馬二先生道你這就差了舉業二字是從古及今人人必要做的就如孔子生在春秋時候那時用言揚行舉做官故孔子只講得個言寡尤行寡悔祿在其中這便是孔子的舉業講到戰國時以遊說做官所以孟子歷說齊梁這便是孟

子的舉業到漢朝用賢良方正開科所以公孫弘董仲舒舉賢良方正這便是漢人的舉業到唐朝用詩賦取士他們若講孔孟的話就沒有官做了所以唐人都會做幾句詩這便是唐人的舉業到宋朝又好了都用的是些理學的人做官所以程朱就講理學這便是宋人的舉業到本朝用文章取士這是極好的法則就是夫子在而今也要念文章做舉業斷不講那言寡

尤行寡悔的話何也就日日講究言寡尤行寡悔那個給你官做孔子的道也就不行了一席話說得蘧公孫如夢方醒又留他吃了晚飯結爲性命之交相別而去自此日日往來那日在文海樓彼此會着看見刻的墨卷上目錄擺在桌上上寫着歷科墨卷持運下面一行刻着處州馬靜純上氏評選蘧公孫笑着向他說道請教先生不知尊選上面可好添上小弟一個名字與先生同選以附驥尾馬二先生正色道這

個是有個道理的站封面亦非容易之事就是小弟全虧幾十年考校的高有些虛名所以他們來請難道先生這樣大名還站不得封面只是你我兩個只可獨站不可合站其中有個緣故蘧公孫道是何緣故馬二先生道這事不過是名利二者小弟一不肯自己壞了名自認做趨利假若把你先生寫在第二名那些世俗人就疑惑刻資出自先生小弟豈不是個利徒了若把先生寫在第一名小弟這數十年虛名豈

不都是假的了還有個反面文章是如此算計先生自想也是這樣算計說着坊裏捧出先生的飯來一碗爊青菜兩個小菜碟馬二先生道這沒菜的飯不好留先生用柰何蘧公孫道這個何妨但我曉得長兄先生也是吃不慣素飯的我這裏帶的有銀子忙取出一塊來叫店主人家的二漢買了一碗熟肉來兩人同吃了公孫別去在家裏每晚同魯小姐課子到三四更鼓或一天遇着那小兒子書背不熟小姐就要

督責他念到天亮倒先打發公孫到書房裏去睡雙紅這小丫頭在傍遞茶遞水極其小心他會念詩常拏些詩來求講公孫也畧替他講講因心裏喜他慇勤就把收的王觀察的個舊枕箱把與他盛花兒針線又無意中把遇見王觀察這一件事向他說了不想宦成這奴才小時同他有約竟大胆走到嘉興把這丫頭拐了去公孫知道大怒報了秀水縣出批文拏了回來兩口子看守在差人家央人來求公孫情愿出

幾十兩銀子與公孫做了頭的身價求賞與他做老婆公孫斷然不依差人要帶着宦成回官少不得打一頓板子把了頭斷了回來一回兩回詐他的銀子宦成的銀子使完衣服都當盡了那晚在差人家兩口子商議要把這個舊枕箱拏出去賣幾十個錢來買飯吃雙紅是個了頭家不知人事向宦成說道這箱子是一位做大官的老爺的想是值的銀子多幾十個錢賣了豈不可惜宦成問是蘧老爺的是魯老爺的

了頭道都不是說這官比蘧太爺的官大多着哩我也是聽見姑爺說這是一位王太爺就接蘧太爺南昌的任後來這位王太爺做了不知多大的官就和寧王相與寧王日夜要想殺皇帝皇帝先把寧王殺了又要殺這王太爺王太爺走到浙江來不知怎的又說皇帝要他這個箱子王太爺不敢帶在身邊走恐怕搜出來就交與姑爺姑爺放在家裏閒着借與我盛些花不曉的我帶了出來我想皇帝都想要的東西

不知是值多少錢你不見箱子裏還有王太爺寫的字在上宦成道皇帝也未必是要他這個箱子必有別的緣故這箱子能值幾文那差人一腳把門踢開走進來罵道你這倒運鬼放着這樣大財不發還在這裏受瘟罪宦成道老爺我有甚麽財發差人道你這痴孩子我要傳受了便宜你的狠哩老婆白白送你還可以發得幾百銀子財你須要大大的請我將來銀子同我平分我纔和你說宦成道只要有銀子平分

是罷了請是請不起的除非明日賣了枕箱子請老爺差人道賣箱子還了得就沒戲唱了你沒有錢我借錢與你不但今日晚裏的酒錢從明日起要用同我商量我替你設法了來總要加倍還我又道我竟在裏面扣除怕你拗到那裏去差人即時拏出二百文買酒買肉同宦成兩口子喫算是借與宦成的記一筆賬在那里吃着宦成問道老爹說我有甚麽財發差人道今日且吃酒明日再說當夜猜三划五吃了

半夜把二百文都吃完了宦成這奴才吃了個
盡醉兩口子睡到日中還不起來差人已是淸
晨出門去了尋了一個老練的差人商議告訴
他如此這般事還是竟弄破了好還是開弓不
放箭大家弄幾個錢有益被老差人一口大啐
道這個事都講破句破了還有個大風如今只
是悶着同他講不怕他不拏出錢來還虧你當
了這幾十年的門户利害也不曉得遇着這樣
事還要講破句破你娘的頭罵的這差人又羞

又喜慌跑回來見宦成還不曾起來說道好快
活這一會像兩個狗戀着快起來和你說話宦
成慌忙起來出了房門差人道和你到外邊去
說話兩人拉着手到街上一個僻靜茶室裏坐
下差人道你這獃孩子只曉得吃酒吃飯要同
女人睡覺放着這樣一主大財不會發豈不是
如入寶山空手回宦成道老爹指教便是差人
道我指點你你却不要過了廟不下雨說着一
個人在門首過叫了差人一聲老爹走過去了

差人見那人出神叫宦成坐着自己悄悄尾了那人去只聽得那人口裏抱怨道白白給他打了一頓却是沒有傷喊不得寃待要自己做出傷來官府又會驗的出差人悄悄的拾了一塊磚頭兒神的走上去把頭一打打了一個大洞那鮮血直流出來那人嚇了一跳問差人道這是怎的差人道你方纔說沒有傷這不是傷麼又不是自已弄出來的不怕老爺會驗還不快去喊寃哩那人到着實感激謝了他把那血用

手一抹塗成一個血臉往縣前喊寃去了宦成站在茶室門口望聽見這些話又學了一個乖差人回來坐下說道我昨晚聽見你當家的說枕箱是那王太爺的王太爺降了寧王又逃走了是個欽犯這箱子便是個欽贓他家裏交結欽犯藏着欽贓若還首出來就是殺頭充軍的罪他還敢怎樣你宦成聽了他這一席話如夢方醒說道老爹我而今就寫呈去首差人道獃兄弟這又沒主意了你首了句就把他一家殺

個精光與你也無益弄不着他一個錢况你又同他無仇如今只消串出個人來嚇他一嚇嚇出幾百兩銀子來把丫頭白白送你做老婆不要身價這事就罷了宦成道多謝老爹費心如今只求老爹替我做主差人道你且莫慌當下還了茶錢同走出來差人囑付道這話到家在丫頭跟前不可露出一字宦成應諾了從此差人借了銀子宦成大酒大肉且落得快活遽公孫催着回官差人只騰挪着混他今日就說明

日明日就說後日後日又說再遲三五日公孫急了要寫呈子告差人差人宦成道這事却要動手了因問遽小相平日可有一個相厚的人宦成道這却不知道回去問丫頭丫頭道他在湖州相與的人多這里却不曾見我只聽得有個書店裏姓馬的來往了幾次宦成將這話告訴差人差人道這就容易了便去尋代書寫下一張出首叛逆的呈子帶在身邊到大街上一路書店問去問到文海樓一直進去請馬先生說

話馬二先生見是縣裏人不知何事只得邀他上樓坐下差人道先生一向可同做南昌府的蘧家蘧小相見相與馬二先生道這是我極好的弟兄頭翁你問他怎的差人兩邊一望道這裏沒有外人麼馬二先生道沒有把座子移近跟前拏出這張呈子來與馬二先生看道他家竟有這件事我們公門裏好修行所以通個信給他早爲料理怎肯壞這個良心馬二先生看完面如土色又問了備細向差人道這事斷斷

破不得旣承頭翁好心千萬將呈子捺下他却不在家到墳上修理去了等他來時商議差人道他今日就要遞這是犯關節的事誰人敢捺馬二先生慌了道這個如何了得差人道先生你一個子曰行的人怎這樣沒主意自古錢到公事辦火到猪頭爛只要破些銀子把這枕箱買了回來這事便罷了馬二先生拍手道好主意當下鎖了樓門同差人到酒店裏馬二先生做東大盤大碗請差人吃着商議此事只因這

一番有分教通都大邑來了幾位選家僻壤窮鄉出了一尊名士畢竟差人要多少銀子贖這枕箱且聽下回分解

革囊一開使閱者失笑然書中正不乏此等人凡講勢要矜權貴無非帶假面嚇鬼作者正借一張鐵臂引起無數張鐵臂也

看張鐵臂許多做作儼然妙手空空此何異徒習名士腔調而不知其中之烏有也作者殆又爲若輩對下一針

儒林外史第十四回

蘧公孫書坊送良友　馬秀才山洞遇神仙

話說馬二先生在酒店裏同差人商議要替蘧公孫贖枕箱差人道這奴才手裏拏着一張首呈就像拾到了有利的票子銀子少了他怎肯就把這欽贓放出來極少也要三二百銀子還要我去拏話嚇他這事弄破了一來與你無益二來欽案官司過司由院一路衙門你都要跟着走你自已算計可有這些閒錢陪著打這樣的惡官司是這樣嚇他他又見了幾個衙心的錢這事纔得了我是一片本心特地來報信我也只願得無事落得河水不洗船但做事也要打蛇打七寸纔妙你先生請上裁馬二先生搖頭道二三百兩是不能不要說他現今不在家是我替他設法就是他在家裏雖然他家太爺做了幾任官而今也家道中落那裏一時拏的許多銀子出來差人道既然沒有銀子他本人又不見面我們不要就誤他的事把呈子丟還

他隨他去鬧罷了馬二先生道不是這樣說你同他是個淡交我同他是深交眼睜睜看他有事不能替他掩下來這就不成個朋友了但是要做的來差人道可又來你要做的來我也要做的來馬二先生道頭翁我和你從長商議實不相瞞在此選書東家包我幾個月有幾兩銀子束修我還要留着些用他這一件事勞你去和宦成說我這里將就墊二三十兩銀子把與他他也只當是拾到的解了這個冤家罷差人惱了道這個正合着古語瞞天討價就地還錢我說二三百銀子你就說二三十兩戴着斗笠親嘴差着一帽子怪不得人說你們詩云子曰的人難講話這樣看來你好像老鼠尾把上害癤子出濃也不多倒是我多事不該來惹這婆子口舌說罷站起身來謝了擾辭別就往外走馬二先生拉住道請坐再說急怎的我方纔這些話你道我不出本心麼他其實不在家我又不是先知了風聲把他藏起和你講價錢況且

你們一塊土的人彼此是知道的蘧公孫是甚麽慷慨脚色這宗銀子知道他認不認幾時還我只是由着他弄出事來後日懊悔遲了總之這件事我也是個傍人你也是個傍人我如今認些晦氣你也要極力幫些一個出力一個出錢也算積下一個莫大的陰功若是我兩人先參差著就不是共事的道理了差人道馬老先生而今這銀子我也不問是你出是他出你們原是氊襪裹脚靴但須要我効勞的來老實一句打開板壁講亮話這事一些半些幾十兩銀子的話横竪做不來没有三百也要二百兩銀子纔有商議我又不要你十兩五兩没來由把難題目把你做怎的馬二先生見他這話說頂了真心裏著急道頭翁我的束修其實只得一百兩銀子這些時用掉了幾兩還要留兩把作盤費到杭州去擠的乾乾淨淨抖了包只擠的出九十二兩銀子來一厘也不得多你若不信我同你到下處去拏與你看此外行李箱子內

聽憑你搜若搜出一錢銀子來你把我不當人就是這倆意思你替我維持去如斷然不能我也就沒法了他也只好怨他的命差人道先生像你這樣血心爲朋友難道我們當差的心不是肉做的自古山水尚有相逢之日豈可人不留個相與只是這行瘟的奴才頭高不知可說的下去又想一想道我還有個主意又合着古語說秀才人情紙半張現今丫頭已是他拐到手了又有這些事料想要不回來不如趁此就寫一張婚書上寫收了他身價銀一百兩合着你這九十多不將有二百之數這分明是有名無實的封塞得住這小厮的嘴這個計較何如馬二先生道這也罷了只要你做的來這一張紙何難我就可以做主當下說定了店裏會了賬馬二先生回到下處候着差人假作去會宦成去了半日回到文海樓馬二先生接到樓上差人道爲這件事不知費了多少脣舌那小奴才就像我求他的定要一千八百的亂說說他

家值多少就訛給他多少落後我急了要帶他回官說先問了你這奸拐的罪回過老爺把你納在監裏看你到那里去出首他纔慌了依著我說我把他枕箱先賺了來現放在樓下店裏先生快寫起婚書來把銀子兑清我再打一個稟帖銷了案打發這奴才走清秋大路免得又生出枝葉來馬二先生道你這賺法甚好婚書已經寫下了隨即同銀子交與差人差人打開看足足九十二兩把箱子拏上樓來交與馬二

先生拏着婚書銀子去了回到家中把婚書藏起另外開了一篇細賬借貸吃用衙門使費共開出七十多兩只剩了十幾兩銀子遞與宦成宦成嫌少被他一頓罵道你奸拐了人家使女犯着官法若不是我替你遮葢怕老爺不會打折你的狗腿我倒替你白白的騙一個老婆又騙了許多銀子不討你一聲知感反問我找銀子來我如今帶你去回老爺先把你這奸情事打幾十板子丫頭便傳蘧家領去叫你吃不了

的苦攛着走宦成被他罵得閉口無言忙收了銀子千恩萬謝領著雙紅往他州外府尋生意去了蘧公孫從墳上回來正要去問差人催着回官只見馬二先生來候請在書房坐下問了些墳上的事務慢慢說到這件事上來蘧公孫初時還含糊馬二先生道長兄你這事還要瞞我麼你的枕箱現在我下處樓上公孫聽見枕箱臉便飛紅了馬二先生道把差人怎樣來說我怎樣商議後來怎樣怎樣我把選書的九十

幾兩銀子給了他纔買回這個東西來而今幸得平安無事就是我這一項銀子也是爲朋友上一時激于意氣難道就要你還但不得不告訴你一遍明日叫人到我那里把箱子拏來或是劈開了或是竟燒化了不可再留着惹事公孫聽罷大驚忙取一把椅子放在中間把馬二先生捺了坐下倒身拜了四拜請他坐在書房裏自走進去如此這般把方纔這些話說與乃眷魯小姐又道像這樣的纔是斯文骨月朋友

有意氣有肝胆相與了這樣正人君子也不枉了像我婁家表叔結交了多少人一個個出乖露醜若聽見這樣話豈不羞死魯小姐也着實感激備飯留馬二先生吃過叫人跟去將箱子取來毀了次日馬二先生來辭別要往杭州公孫道長兄先生纔得相聚爲甚麼便要去馬二先生道我原在杭州選書因這文海樓請我來選這一部書今已選完在此就沒事了公孫道選書已完何不搬來我小齋住着早晚請教馬二先生道你此時還不是養客的時候況且杭州各書店裏等着我選考卷還有些未了的事沒奈何只得要去到是先生得閒來西湖上走走那西湖山光水色頗可以添文思公孫不能相强要留他辦酒席餞行馬二先生道還要到別的朋友家告別說罷去了公孫送了出來到次日公孫封了二兩銀子備了些薰肉小菜親自到文海樓來送行要了兩部新選的墨卷回去馬二先生上船一直來到斷河頭問文瀚樓

的書坊乃是文海樓一家到那里去住住了幾日沒有甚麽文章選腰裏帶了幾個錢要到西湖上走走這西湖乃是天下第一個真山真水的景致且不說那靈隱的幽深天竺的淸雅只這出了錢塘門過聖因寺上了蘇堤中間是金沙港轉過去就望見雷峯塔到了淨慈寺有十多里路真乃五步一樓十步一閣一處是金粉樓臺一處是竹籬茅舍一處是桃柳爭妍一處是桑蔴遍野那些賣酒的青帘高颺賣茶的紅炭滿爐士女遊人絡繹不絕真不數三十六家花酒店七十二座管絃樓馬二先生獨自一個帶了幾個錢步出錢塘門在茶亭裏吃了幾碗茶到西湖沿上牌樓跟前坐下見那一船一船鄉下婦女來燒香的都梳着挑鬢頭也有穿藍的也有穿青綠衣裳的年紀小的都穿些紅紬单裙子也有模樣生的好些的都是一個大團白臉兩個大高顴骨也有許多疤麻疥癩的一頓飯時就來了有五六船那些女人後面都跟

着自己的漢子掮着一把傘手裏拏着一個衣包上了岸散往各廟裏去了馬二先生看了一遍不在意裏起來又走了里把多路望着湖沿上接連着幾個酒店掛着透肥的羊肉櫃臺上盤子裏盛着滾熱的蹄子海參糟鴨鮮魚鍋裏煮着餛飩蒸籠上蒸着極大的饅頭馬二先生没有錢買了吃喉嚨裏嚥唾沫只得走進一個麵店十六個錢吃了一碗麵肚裏不飽又走到間壁一個茶室吃了一碗茶買了兩個錢處片嚼嚼到覺得有些滋味吃完了出來看見西湖沿上柳陰下繫着兩隻船那船上女客在那里換衣裳一個脫去元色外套換了一件水田披風一個脫去天青外套換了一件玉色繡的八團衣服一個中年的脫去寶藍緞衫換了一件天青緞二色金的繡衫那些跟從的女客十幾個人也都換了衣裳這三位女客一位跟前一個丫鬟手持黑紗團香扇替他遮着日頭緩步上岸那頭上珍珠的白光直射多遠裙上環珮

丁丁噹噹的響馬二先生低着頭走了過去不曾仰視往前走過了六橋轉個灣便像些村鄉地方又有人家的棺材厝基中間走了一二里多路走也走不淸甚是可厭馬二先生欲待回家遇着一走路的問道前面可還有好頑的所在那人道轉過去便是淨慈雷峰怎麼不好頑馬二先生又往前走走到半里路見一座樓臺蓋在水中間隔着一到板橋馬二先生從橋上走過去門口也是個茶室吃了一碗茶裏面的門鎖着馬二先生要進去看管門的問他要了一個錢開了門放進去裏面是三間大樓樓上供的是仁宗皇帝的御書馬二先生嚇了一跳慌忙整一整頭巾理一理寶藍直裰在靴桶內拏出一把扇子來當了笏板恭恭敬敬朝着樓上揚塵舞蹈拜了五拜拜畢起來定一定神照舊在茶桌子上坐下傍邊有個花園賣茶的人說是布政司房裏的人在此請客不好進去那厨房却在外面那熱湯湯的燕窩海參一碗碗

在跟前捧過去馬二先生又羨慕了一番出來過了雷峰遠遠望見高高下下許多房子蓋着琉璃瓦曲曲折折無數的朱紅欄杆馬二先生走到跟前看見一個極高的山門一個直匾金字上寫着敕賜淨慈禪寺山門傍邊一個小門馬二先生走了進去一個大寬展的院落地下都是水磨的磚纔進二道山門兩邊廊上都是幾十層極高的堦級那些富貴人家的女客成羣逐隊裏裏外外來往不絕都穿的是錦繡衣服風吹起來身上的香一陣陣的撲人鼻子馬二先生身子又長戴一頂高方巾一幅烏黑的臉挺着個肚子穿着一雙厚底破靴橫着身子亂跑只管在人窩子裏撞女人也不看他他也不看女人前前後後跑了一交又出來坐在那茶亭內上面一個橫匾金書南屏兩字吃了一碗茶櫃上擺着許多碟子橘餅芝蔴糖粽子燒餅處片黑棗煮栗子馬二先生每樣買了幾個錢的不論好歹吃了一飽馬二先生也倦了直

着脚跑進清波門到了下處關門睡了因爲走多了路在下處睡了一天第三日起來要到城隍山走走城隍山就是吳山就在城中馬二先生走不多遠已到了山脚下望着幾十層階級走了上去横過來又是幾十層階級馬二先生一氣走上不覺氣喘看見一個大廟門前賣茶吃了一碗進去見是吳相國伍公之廟馬二先生作了個揖逐細的把匾聯看了一徧又走上去就像没有路的一般左邊一個門門上釘着

一個匾匾上片石居三個字裏面也想是個花園有些樓閣馬二先生步了進去看見窻櫺關着馬二先生在門外望裏張了一張見幾個人圍着一張棹子擺着一座香爐衆人圍着像是請仙的意思馬二先生想道這是他們請仙判斷功名大事我也進去問一問站了一會望見那人磕頭起來傍邊人道請了一個才女來了馬二先生聽了暗笑又一會一個問道可是李清照又一個問道可是蘇若蘭又一個拍手道

原來是朱淑貞馬二先生道這些甚麽人料想不是管功名的了我不如去罷又轉過兩個灣上了幾層階級只見平坦的一条大街左邊靠着山一路有幾個廟宇右邊一路一間一間的房子都有兩進屋後一進窗子大開着空空闊闊一眼隱隱望得見錢塘江那房子也有賣酒的也有賣要貨的也有賣餃兒的也有賣麵的也有賣茶的也有測字算命的廟門口都擺的是茶桌子這一條街单是賣茶就有三十多處

十分熱鬧馬二先生正走着見茶鋪了裏一個油頭粉面的女人招呼他吃茶馬二先生別轉頭來就走到間壁一個茶室泡了一碗茶看見有賣的簑衣餅叫打了十二個錢的餅吃了略覺有些意思走上去一個大廟甚是巍峩便是城隍廟他便一直走進去瞻仰了一番過了城隍廟又是一個灣又是一條小街街上酒樓麵店都有還有幾個簇新的書店店裏帖着報单上寫處州馬純上先生精選三科程墨持運於

此發賣馬二先生見了歡喜走進書店坐坐取過一本來看問個價錢又問這書可還行書店人道墨卷只行得一時那裏比得古書馬二先生起身出來因略歇了一歇脚就又往上走過這一條街上面無房子了是極高的個山岡一步步去走到山岡上左邊望着錢塘江明明白白那日江上無風水平如鏡過江的船船上有轎子都看得明白再走上些右邊又看得見西湖雷峰一帶湖心亭都望見那西湖裏打魚船一個一個如小鴨子浮在水面馬二先生心曠神怡只管走了上去又看見一個大廟門擺著茶桌子賣茶馬二先生兩脚酸了且坐吃茶吃著兩邊一望一邊是江一邊是湖又有那山色一轉圍著又遥見隔江的山高高低低忽隱忽現馬二先生嘆道真乃載華嶽而不重振河海而不洩萬物載焉吃了兩碗茶肚裏正餓思量要回去路上吃飯恰好一個鄉里人捧着許多燙麵薄餅來賣又有一籃子煮熟的牛肉馬二

先生大喜買了幾十文餅和牛肉就在茶桌子上儘與一吃吃得飽了自思趂着飽再上去走上一箭多路只見左邊一條小徑莽榛蔓草兩邊擁塞馬二先生照着這條路走去見那玲瓏怪石千奇萬狀鑽進一個石罅見石壁上多少名人題詠馬二先生也不看他過了一個小石橋照着那極窄的石磴走上去又是一座大廟又有一座石橋甚不好走馬二先生攀藤附葛走過橋去見是個小小的祠宇上有匾額寫着

丁仙之祠馬二先生走進去見中間塑一個仙人左邊一個仙鶴右邊豎着一座二十個字的碑馬二先生見有籤筒思量我困在此處何不求個籤問問吉凶正要上前展拜只聽得背後一人道若要發財何不問我馬二先生回頭一看見祠門口立着一個人身長八尺頭戴方巾身穿繭紬直裰左手自理着腰裏絲縧右手拄着龍頭拐杖一部大白鬚直垂過臍飄飄有神仙之表只因遇着這個人有分教慷慨仗義銀

錢去而復來廣結交遊人物久而愈盛畢竟此人是誰且聽下回分解

馬二先生讚嘆風景只道得中庸數語其胸中僅容得高頭講章一部可知

儒林外史第十五回

葬神仙馬秀才送喪　思父母匡童生盡孝

話說馬二先生在丁仙祠正要跪下求籤後面一人叫一聲馬二先生馬二先生回頭一看那人像個神仙慌忙上前施禮道學生不知先生到此有失迎接但與先生素昧平生何以便知學生姓馬那人道天下何人不識君先生既遇着老夫不必求籤了且同到敝寓談談馬二先生道尊寓在那里那人指道就在此處不遠當

下攜了馬二先生的手走出丁仙祠却是一條平坦大路一塊石頭也沒有未及一刻功夫已到了伍相國廟門口馬二先生心里疑惑原來有這近路我方纔走錯了又疑惑恐是神仙縮地騰雲之法也不可知來到廟門口那人道這便是敝寓請進去坐那知這伍相國殿後有極大的地方又有花園園裏有五間大樓四面窗子望江望湖那人就住在這樓上邀馬二先生上樓施禮坐下那人四個長隨齊齊整整都穿

着紬緞衣服每人脚下一雙新靴上來小心獻茶那人吩咐備飯一齊應諾下去了馬二先生舉眼一看樓中間掛着一張匹紙上寫氷盤大的二十八個大字一首絕句詩道南渡年來此地遊而今不比舊風流湖光山色渾無賴揮手清吟過十洲後面一行寫天台洪憨仙題馬二先生看過綱鑑知道南渡是宋高宗的事屈指一算已是三百多年而今還在一定是個神仙無疑因問道這佳作是老先生的那仙人道憨

仙便是賤號偶爾遣興之作頗不足觀先生若愛看詩句前時在此有同撫臺藩臺及諸位當事在湖上唱和的一卷詩取來請教便拏出一個手卷來馬二先生放開一看都是各當事的親筆一遍一首都是七言律詩詠的西湖上的景圖書新鮮着實賛了一回收遞過去捧上飯來一大盤稀爛的羊肉一盤糟鴨一大碗火腿蝦圓雜膾又是一碗清湯雖是便飯却也這般熱鬧馬二先生腹中尚飽因不好辜負了仙人

的意思又儘力的吃了一餐撤下家伙去洪憨仙道先生久享大名書坊敦請不歇今日因甚閑暇到這祠裏來求籤馬二先生道不瞞老先生說晚學今年在嘉興選了一部文章送了幾十金却為一個朋友的事墊用去了如今來到此處雖住在書房裏却沒有甚麼文章選寓處盤費已盡心裏納悶出來閒走走要在這仙祠裏求個籤問問可有發財機會誰想遇着老先生已經說破晚生心事這籤也不必求了洪憨仙道發財也不難但大財須緩一步目今權且發個小財好麼馬二先生道只要發財那論大小只不知老先生是甚麼道理洪憨仙沈吟了一會說道也罷我如今將些須物件送與先生你拏到下處去試一試如果有效驗再來問我取討如不相干別作商議因走進房內床頭邊摸出一個包子來打開裏面有幾塊黑煤遞與馬二先生道你將這東西拏到下處燒起一爐火來取個罐子把他頓在上面看成些甚麼東

西再來和我說馬二先生接着別了憨仙回到下處晚間果然燒起一爐火來把罐子頓上那火支支的響了一陣取罐傾了出來竟是一錠細絲紋銀馬二先生喜出望外一連傾了六七罐倒出六七錠大紋銀馬二先生疑惑不知可用得當夜睡了次日清早上街到錢店裏去看錢店都說是十足紋銀隨卽換了幾千錢拏回下處來馬二先生把錢收了赶到洪憨仙下處來謝憨仙已迎出門來道昨晚之事如何馬二

先生道果是仙家妙用如此這般告訴憨仙傾出多少紋銀憨仙道早哩我這里還有些先生再拏去試試又取出一個包子來比前有三四倍送與馬二先生又留着吃過飯別了回來馬二先生一連在下處住了六七日每日燒爐傾銀子把那些黑煤都傾完了上戥子一秤足有八九十兩重馬二先生歡喜無限一包一包收在那里一日憨先來請說話馬二先生走來憨仙道先仙你是處州我是台州相近原要算桑

里今日有個客來拜我我和你要認作中表弟兄將來自有一番交際斷不可悞馬二先生道請問這位尊客是誰慈仙道便是這城裏胡尚書家三公子名縝字密之尚書公遺下宦囊不少這位公子却有錢癖思量多多益善要學我這燒銀之法眼下可以拏出萬金來以爲爐火葯物之費但此事須一居間之人先生大名他是知道的況在書坊操選是有踪跡可尋的人他更可以放心如今相會過訂了此事到七七

四十九日之後成了銀母凡一切銅錫之物點着卽成黃金豈止數十百萬我是用他不着那時告別還山先生得這銀母家道自此也可小康了馬二先生見他這般神術有甚麽不信坐在下處等了胡三公子來三公子同慈仙施禮便請問馬二先生貴鄉貴姓慈仙道這是舍弟各書坊所貼處州馬純上先生選三科墨程的便是胡三公子改容相接施禮坐下三公子舉眼一看見慈仙人物軒昂行李華麗四個長隨

輸流獻茶又有選家馬先生是至感歡喜放心之極坐了一會去了次日愁仙同馬二先生坐轎子回拜胡府馬二先生又送了一部新選的墨卷三公子留着談了半日回到下處頃刻胡家管家來下請帖兩副一副寫洪太爺一副寫馬老爺帖子上是明日湖亭一卮小集候教胡縝拜訂持帖人說道家老爺拜上太爺席設在西湖花港御書樓旁園子裏請太爺和馬老爺明日早些愁仙收下帖子次日兩人坐轎來到

花港園門大開胡三公子先在那里等候兩席酒一本戲吃了一日馬二先生坐在席上想起前日獨自一個看着別人吃酒席今日恰好人請我也在這裏嘗下極豐盛的酒饌點心馬二先生用了一飽胡三公子約定三五日再請到家寫立合同央馬二先生居間然後打掃家裏花園以爲丹室先兌出一萬銀子託愁仙修製葯物請到丹室內住下三人說定到晚席散馬二先生坐轎竟回文瀚樓一連四天不見愁仙

有人來請便走去看他一進了門見那幾個長隨不勝慌張問其所以憨仙病倒了症候甚重醫生說脉息不好已是不肯下藥馬二先生大驚急上樓進房內去看已是淹淹一息頭也抬不起來馬二先生心好就在這里相伴晚間也不回去挨過兩日多那憨仙壽數已盡斷氣身亡那四個人慌了手脚寓處擄一擄只得四五件紬緞衣服還當得幾兩銀子其餘一無所有幾個箱子都是空的這幾個人也並非長隨是

一個兒子兩個姪兒一個女壻這時都說出來馬二先生聽在肚裏替他着急此時棺材也不夠買馬二先生有良心趕着下處去取了十兩銀子來與他們料理兒子守着哭泣侄子上街買棺材女壻無事同馬二先生到間壁茶館裏談談馬二先生道你令岳是個活神仙今年活了三百多歲怎麼忽然又死起來女壻道笑話他老人家今年只得六十六歲那里有甚麼三百歲想着他老人家也就是個不守本分慣弄

立虛尋了錢又混用掉了而今落得這一個收場不瞞老先生說我們都是買賣人丟着生意同他做這虛頭事他而今直脚去了累我們討飯回鄉那里說起馬二先生道他老人家床頭間有那一包一包的黑煤燒起爐來一傾就是紋銀女壻道那里是甚麼黑煤那就是銀子用煤煤黑了的一下了爐銀子本色就現出來了那原是個做出來哄人的用完了那些就沒的用了馬二先生道還有一說他若不是神仙怎

的在丁仙祠初見我的時候並不曾認得我就知我姓馬女壻道你又差了他那日在片石居扶乩出來看見你坐在書店看書書店問你尊姓你說我就是書面上馬甚麼他聽了知道的世間那里來的神仙馬二先生恍然大悟他原來結交我是要借我騙胡三公子幸得胡家時運高不得上算又想道他虧負了我甚麼我到底該感激他當下回來候着他裝殮算還廟里房錢叫脚子抬到淸波門外厝着馬二先生備

個牲醴賸錢送到厝所看着用磚砌好了剩的
銀子那四個人做盤程謝別去了馬二先生送
殯回來依舊到城隍山吃茶忽見茶室傍邊添
了一張小桌子一個少年坐著拆字那少年雖
則瘦小却還有些精神却又古怪面前擺着字
盤筆硯手里却拿着一本書看馬二先生心裏
詫異假作要拆字走近前一看原來就是他新
選的三科程墨持運馬二先生竟走到桌傍板
櫈上坐下那少年丟下文章問道是要拆字的

馬二先生道我走倒了借此坐坐那少年道請
坐我去取茶來即向茶室裏開了一碗茶送在
馬二先生跟前陪着坐下馬二先生見他乖覺
問道長兄你貴姓可就是這本城人那少年又
看見他戴着方巾知道是學裏朋友便道晚生
姓匡不是本城人晚生在溫州府樂清縣住馬
二先生見他戴頂破帽身穿一件单布衣服甚
是藍縷因說道長兄你離家數百里來省做這
件道路這事是尋不出大錢來的連餬口也不

足你今年多少尊庚家下可有父母妻子我看你這般勤學想也是個讀書人那少年道晚生今年二十二歲還不曾娶過妻子家裏父母俱存自小也上過幾年學因是家寒無力讀不成了去年跟着一個賣柴的客人來省城在柴行裏記賬不想客人消折了本錢不得回家我就流落在此前日一個家鄉人來說我父親在家有病于今不知個存亡是這般苦楚說着那眼淚如豆子大掉了下來馬二先生着實惻然說

道你且不要傷心你尊諱尊字是甚麼那少年收淚道晚生叫匡迥號超人還不曾請問先生仙鄉貴姓馬二先生道這不必問你方纔看的文章封面上馬純上就是我了匡超人聽了這話慌忙作揖磕下頭去說道晚生眞乃有眼不識泰山馬二先生忙還了禮說道快不要如此我和你萍水相逢斯文骨月這拆字到晚也有限了長兄何不收了同我到下處談談匡超人道這個最好先生請坐等我把東西收了當下

將筆硯紙盤收了做一包背着同桌櫈寄在對門廟裏跟馬二先生到文瀚樓馬二先生到文樓開了房門坐下馬二先生問道長兄你此時心裏可還想着讀書上進還想着家去看看尊公麼匡超人見問這話又落下淚來道先生我現今衣食缺少還拏甚麼本錢想讀書上進這是不能的了只是父親在家患病我為人子的不能回去奉侍禽獸也不如所以幾回自心裏恨極不如早尋一個死處馬二先生勸道快不要如此只你一點孝思就是天地也感格的動了你且坐下我收拾飯與你吃當下留他吃了晚飯又問道比如長兄你如今要回家去須得多少盤程匡超人道先生我那里還講多少只這幾天水路搭船到了旱路上我難道還想坐山轎不成背了行李走就是飯食少兩餐也罷我只要到父親跟前死也瞑目馬二先生道這也使得你今晚且在我這里住一夜慢慢商量到晚馬二先生又問道你當時讀過幾年書文

章可曾成過篇匡超人道成過篇的馬二先生笑着向他說我如今大胆出個題目你做一篇我看看你筆下可望得進學這個使得麼匡超人道正要請教先生只是不通先生休笑馬二先生道說那里話我出一題你明日做說罷出了題送他在那邊睡次日馬二先生纔起來他文章已是停停當當送了過來馬二先生喜道又勤學又敏捷可敬可敬把那文章看了一遍道文章才氣是有只是理法欠些將文章按在

桌上拏筆點着從頭至尾講了許多虛實反正吞吐含蓄之法與他他作揖謝了要去馬二先生道休慌你在此終不是個長策我送你盤費回去匡超人道若蒙資助只借出一兩銀子就好了馬二先生道不然你這一到家也要些須有個本錢奉養父母纔得有功夫讀書我這里竟拏十兩銀子與你你回去做些生意請醫生看你尊翁的病當下開箱子取出十兩一封銀子又尋了一件舊棉襖一雙鞋都遞與他道這

銀子你拏家去這鞋和衣服恐怕路上冷早晚穿穿匡超人接了衣裳銀子兩淚交流道蒙先生這般相愛我匡迥何以爲報意欲拜爲盟兄將來諸事還要照顧只是大胆不知長兄可肯容納馬二先生大喜當下受了他兩拜又同他拜了兩拜結爲兄弟留他在樓上收拾菜蔬替他餞行吃着向他說道賢弟你聽我說你如今回去奉事父母總以文章舉業爲主人生世上除了這事就没有第二件可以出頭不要說算命拆字是下等就是教館作幕都不是個了局只是有本事進了學中了舉人進士卽刻就榮宗耀祖這就是孝經上所說的顯親揚名纔是大孝自身也不得受苦古語道得好書中自有黃金屋書中自有千鍾粟書中自有顏如玉而今甚麼是書就是我們的文章選本了賢弟你回去奉養父母總以做舉業爲主就是生意不好奉養不周也不必介意總以做文章爲主那害病的父親睡在床上没有東西吃果然聽見

你念文章的聲氣他心花開了分明難過也好過分明那里疼也不疼了這便是曾子的養志假如時運不好終身不得中舉一個廩生是挣的來的到後來做任教官也替父母請一道封誥我是百無一能年紀又大了賢弟你少年英敏可細聽愚兄之言圖個日後宦途相見說罷又到自己書架上細細檢了幾部文章塞在他棉襖裏捲着說道這都是好的你拏去讀下匡超人依依不捨又急于要家去看父親只得洒

淚告辭馬二先生攜着手同他到城隍山舊下處取了鋪蓋又送他出清波門一直送到江船上看着上了船馬二先生辭別進城去了匡超人過了錢塘江要搭溫州的船看見一隻船正走着他就問可帶人船家道我們是撫院大人差上鄭老爹的船不帶人的匡超人背着行李正待走船窗裏一個白鬚老者道駕長单身客人帶着也罷了添着你買酒吃船家道既然老爹吩咐客人你上來罷把船撑到岸邊讓他下

了船匡超人放下行李向老爹作了揖看見艙裏三個人中間鄭老爹坐着他兒子坐在旁邊這邊坐着一外府的客人鄭老爹還了禮叫他坐下匡超人爲人乖巧在船上不拏強拏不動強動一口一聲只叫老爹那鄭老爹甚是歡喜有飯叫他同吃飯後行船無事鄭老爹說起而今人情澆薄讀書的人都不孝父母這溫州姓張的弟兄三個都是秀才兩個疑惑老子把家私偏了小兒子在家打吵吵的父親急了出首到官他兩弟兄在府縣都用了錢倒替他父親做了假哀憐的呈子把這事銷了案廝得學裏一位老師爺持正不依詳了我們大人衙門大人准了差了我到溫州提這一千人犯去那客人道這一提了來審實府縣的老爺不都有碍鄭老爹道審出真情一總都是要參的匡超人聽見這話自心裏歎息有錢的不孝父母像我這窮人要孝父母又不能真乃不平之事過了兩日上岸起早謝了鄭老爹鄭老爹飯錢一個

也不問他要他又謝了一路曉行夜宿來到自己村庄望見家門只因這一番有分教敦倫修行終受當事之知實至名歸反作終身之玷不知後事如何且聽下回分解

馬二先生以一窮酸而能作慷慨丈夫事却取償於洪憨仙作者於此點醒世人不少

儒林外史第十六回

大柳庄孝子事親　樂清縣賢宰愛士

話說匡超人望見自己家門心裏歡喜兩步做一步急急走來敲門母親聽見是他的聲音開門迎了出來看見道小二你回來了匡超人道娘我回來了放下行李整一整衣服替娘作揖揖磕頭他娘捏一捏他身上見他穿着極厚的棉袄方纔放下向他說道自從你跟了客人去後這一年多我的肉身時刻不安一夜夢見你掉在水裏我哭醒來一夜又夢見你把腿跌折了一夜又夢見你臉上生了一個大疙瘩指與我看我替你拿手拈總拈不掉一夜又夢見你來家望着我哭把我也哭醒了一夜又夢見你頭戴紗帽說做了官我笑着說我一個庄農人家那有官做傍一個人道這官不是你兒子你兒子却也做了官却是今生再也不到你跟前來了我又哭起來說若做了官就不得見面這官就不做他也罷就把這句話哭着吆喝醒了

把你爺也嚇醒了你爹問我我一五一十把這夢告訴你爹你爹說我心想癡了不想就在這半夜你爹就得了病半邊身子動不得而今睡在房裏外邊說着話他父親匡太公在房裏已聽見兒子回來了登時那病就輕鬆些覺得有些精神匡超人走到跟前叫一聲爹兒子回來了上前磕了頭太公叫他坐在床沿上細細告訴他這得病的緣故說道自你去後你三房裏叔子就想着我這個屋我心裏算計也要賣給

他除另尋屋再剩幾兩房價等你回來做個小本生意傍人向我說你這屋是他屋邊屋他謀買你的須要他多出幾兩銀子那知他有錢的人只想便宜豈但不肯多出錢照時值估價還要少幾兩分明知道我等米下鍋要殺我的巧我賭氣不賣給他他就下一個毒串出上手業主拿原價來贖我的業主你曉得的還是我的叔輩他倚恃尊長開口就說本家的產業是賣不斷的我說就是賣不斷這數年的修理也是

要認我的他一個錢不認只要原價回贖那日在祠堂裏彼此爭論他竟把我打起來族間這些有錢的受了三房裏囑託都偏爲着他倒說我不看祖宗面上你哥又沒中用說了幾句道三不着兩的話我着了這口氣回來就病倒了自從我病倒日用謚發艱難你哥聽着人說受了原價寫過吐退與他那銀子零星收來都花費了你哥看見不是事同你嫂子商量而今和我分了另吃我想又沒有家私給他自掙自吃也只得由他他而今每早挑着担子在各處趕集尋的錢兩口子還養不來我又睡在這里終日只有出的氣沒有進的氣間壁又要房子翻蓋不顧死活三五天一回人來催口裏不知多少閒話你又去得不知下落你娘想着一場兩場的哭匡超人道爹這些事都不要焦心且靜靜的養好了病我在杭州虧遇着一個先生他送了我十兩銀子我明日做起個小生意尋些柴米過日子三房裏來催怕怎的等我回他母

親走進來叫他吃飯他跟了走進厨房替嫂子作揖嫂子倒茶與他吃吃罷又吃了飯忙走到集上把剩的盤程錢買了一集猪蹄來家煨着晚上與太公吃買了回來恰好他哥子挑着担子進門他向哥作揖下跪哥扶住了他同坐在堂屋告訴了些家裏的苦楚他哥子愁着眉道老爹而今有些害發了說的話道三不着兩的現今人家催房子挨着總不肯出帶累我受氣他疼的是你你來家早晚說着他些說罷把担

子挑到房裏去匡超人等菜爛了和飯拿到父親面前扶起來坐着太公因兒子回家心裏歡喜又有些葷菜當晚那菜和飯也吃了許多剩下的請了母親同哥進來在太公面前放卓子吃了晚飯太公看着歡喜直坐到更把天氣纔扶了睡下匡超人將被单拿來在太公脚跟頭睡次日清早起來拿銀子到集上買了幾口猪養在圈裏又買了斗把豆子先把猪肩出一個來殺了湯洗乾淨分肌劈理的賣了一早晨又

把豆腐磨了一廂豆腐也都賣了錢拿來放在太公床底下就在太公跟前坐着見太公煩悶便搜出些西湖上景致以及賣的各樣的吃食東西又聽得各處的笑話曲曲折折細說與太公聽太公聽了也笑太公過了一會向他道我要出恭快喊你娘進來母親忙走進來正要替太公墊布匡超人道爹要出恭不要這樣出了像這布墊在被窩裏出的也不自在况每日要洗這布娘也怕薰的慌不要薰傷了胃氣太公

道我站的起來出恭倒好了這也是沒奈何匡超人道不要站起來我有道理連忙走到厨下端了一個瓦盆盛上一瓦盆的灰拿進去放在床面前就端了一條板櫈放在瓦盆外邊自己扒上床把太公扶了橫過來兩隻脚放在板櫈上屁股緊對着瓦盆的灰他自己鑽在中間雙膝跪下把太公兩條腿捧着肩上讓太公睡的安安穩穩自在出過恭把太公兩腿扶上床仍舊直過來又出的暢快被窩裏又沒有臭氣他

把板櫈端開瓦盆拿出去倒了依舊進來坐着到晚又扶太公坐起來吃了晚飯坐一會伏侍太公睡下蓋好了被他便把省裏帶來的一個大鐵燈盞裝滿了油坐在太公傍邊拿出文章來念太公睡不着夜裏要吐痰吃茶一直到四更鼓他就讀到四更鼓太公叫一聲就在跟前太公夜裏要出恭從前沒人服侍就要忍到天亮今番有兒子在傍伺候夜裏要出就出晚飯也放心多吃幾口匡超人每夜四鼓纔睡只睡

一個更頭便要起來殺猪磨豆腐過了四五日他哥在集上回家的早集上帶了一個小雞子在嫂子房裏煮着又買了一壺酒要替兄弟接風說道這事不必告訴老爺罷匡超人不肯把雞先盛了一碗送與父母剩下的兄弟兩人在堂裏吃着恰好三房的阿叔過來僱房子匡超人丟下酒向阿叔作揖下跪阿叔道好呀老二回來了穿的恁厚厚敦敦的棉袄又在外邊學得恁知禮會打躬作揖匡超人道我到家幾日

事忙還不曾來看得阿叔就請坐下吃杯便酒罷阿叔坐下吃了幾杯酒便提到出房子的話匡超人道阿叔莫要性急放着弟兄兩人在此怎敢白賴阿叔的房子住就是沒錢典房子租也租兩間出去住了把房子讓阿叔只是而今我父親病着人家說病人移了床不得就好如今我弟兄着急請先生替父親醫若是父親好了作速的讓房子與阿叔就算父親是長病不得就好我們也說不得料理尋房子搬去只管

占着阿叔的不但阿叔要催就是我父母兩個老人家住的也不安阿叔見他這番話說的中聽又婉委又爽快到也沒的說了只說道一個自家人不是我只管要來催因爲要一總折了修理既是你恁說再就帶些日子罷匡超人道多謝阿叔阿叔但請放心這事也不得過遲那阿叔應諾了要去他哥道阿叔再吃一杯酒阿叔道我不吃了便辭了過去自此以後匡超人的肉和豆腐都賣得生意又燥不到日中就賣

完了把錢拿來家伴着父親算計那日賺的錢多便在集上買個雞鴨或是魚來家與父親吃飯因太公是個痰症不十分宜吃大葷所以要買這些東西或是猪腰子或是猪肚子倒也不斷醫藥是不消說太公日子過得稱心每日每夜出恭小解都是兒子照顧定了出恭一定是匡超人跪在跟前把腿捧在肩頭上太公的病漸漸好了許多也和兩個兒子商議要尋房子搬家到是匡超人說父親的病纔好些索性等

再好幾分扶着起來走得再搬家也不遲那邊人來催都是匡超人支吾過去這匡超人精神最足早半日做生意夜晚伴父親念文章辛苦已極中上得閒還溜到門首同隣居們下象棋那日正是早飯過後他看着太公吃了飯出門無事正和一個本家放牛的在打稻場上將一個稻籮糊過來做了桌子放着一個象棋盤對着只見一個白鬍老者背剪着手來看看了半日在傍邊說道喂老兄這一盤輸了匡超人抬

頭一看認得便是本村大柳庄保正潘老爹門站起身來叫了他一聲作了門揖潘保正道我道是誰方纔幾乎不認得了你是匡太公家匡二相公你從前年出門是幾時回來了的你老爹病在家裏匡超人道不瞞老爹說我來家已是有半年了因爲無事不敢來上門上戶驚動老爹我家父病在床上近來也畧覺好些多謝老爹記念請老爹到舍下奉茶潘保正道不消取擾因走近前替他把帽子升一升又拿他的手來細細看了說道二相公不是我奉承你我自小學得些麻衣神相法你這骨格是個貴相將來只到二十七八歲就交上好的運氣妻財子祿都是有的現今印堂顏色有些發黃不日就有個貴人星照命又把耳朵邊揩着看看道却也還有個虛驚不大礙事此後運氣一年好似一年哩匡超人道老爹我做這小生意只望着不折了本每日尋得幾個錢養活父母便謝天地菩薩了那里想甚麽富貴輪到我身上潘

保正搖手道不相干這樣事那里是你做的說罷各自散了三房裏催出房子一日緊似一日匡超人支吾不過只得同他硬撑了幾句那里急了發狠說過三日再不出叫人來摘門下瓦匡超人心裏着急又不肯向父親說出過了三日天色晚了正伏待太公出了恭起來太公睡下他把那鉄燈盞點在傍邊念文章忽然聽得門外一聲響亮有幾十人聲一齊吆喝起來他心裏疑惑是三房裏叫多少人來下瓦摘門頃

刻幾百人聲一齊喊起一派紅光把窗紙照得通紅他叫一聲不好了忙開出去看原來是本村失火一家人一齊跑出來說道不好了快些搬他哥睡的夢夢銃銃扒了出來只顧得他一副上集的担子担子裏面的東西又零碎芝蔴糖豆腐乾腐皮泥人小孩子吹的簫打的叮噹女人戴的錫簪子撾着了這一件掉了那一件那糖和泥人斷的斷了碎的碎了弄了一身臭汗纔一總捧起來朝外跑那火頭已是望見有

丈把高一個一個的火團子往天井裏滚嫂子搶了一包被褥衣裳鞋脚抱着哭哭啼啼反往後走老奶奶嚇得兩脚軟了一步也挪不動那火光照耀得四處通紅兩邊喊聲大震匡超人想别的都不打緊忙進房去搶了一床被在手內從床上把太公扶起背在身上把兩隻手摟得緊緊的且不顧母親把太公背在門外空處坐着又飛跑進來一把拉了嫂子指與他門外走又把母親扶了背在身上纔得出門那時火

已到門口幾乎没有出路匡超人道好了父母都救出來了且在空地下把太公放了睡下用被蓋好母親和嫂子坐在跟前再尋他哥時已不知嚇的躲在那里去了那火轟轟烈烈熚熚烞烞一派紅光如金龍亂舞鄉間失火又不知救法水次又遠足足燒了半夜方纔漸漸熄了稻場上都是烟煤兀自有焰騰騰的火氣一村人家房子都燒成空地處匡超人没柰何無存身望見莊南頭大路上一個和尚菴且把太公

背到菴裏叫嫂子扶着母親一步一挨挨到庵
門口和尚出來問了不肯收留說道本村失了
火凡被燒的都沒有房子住一個個搬到我這
庵裏時再蓋兩進屋也住不下況且你又有個
病人那里方便呢只見庵內走出一個老翁來
定睛看時不是別人就是潘保正匡超人上前
作了揖如此這般被了回祿潘保正道匡二相
公原來昨晚的火你家也在內可憐匡超人又
把要借和尚庵住的話和尚不肯說了一遍潘

保正道師父你不知道匡太公是我們村上有
名的忠厚人況且這小二相公好個相貌將來
借一定發達你出家人與人方便自己方便權
一間屋與他住兩天他自然就搬了去香錢我
送與你和尚聽見保正老爹吩咐不敢違拗纔
請他一家進去讓出一間房子來匡超人把太
公背進庵裏去睡下潘保正進來問候太公太
公正謝了保和尚燒了一壺茶來與衆位吃保
正回家去了一會又送了些飯和菜來與他壓

驚直到下午他哥纔尋了來反怪兄弟不幫他搶東西匡超人見不是事託保正就在庵傍大路口替他租了間半屋搬去住下幸得那晚原不曾睡下本錢還帶在身邊依舊殺豬磨豆腐過日子晚間點燈念文章太公却因着了這一嚇病更添得重了匡超人雖是憂愁讀書還不歇那日讀到二更多天正讀得高興忽聽窗外鑼響許多火把簇擁着一乘官轎過去後面馬蹄一片聲音自然是本縣知縣過他也不曾住

聲由着他過去了不想這知縣這一晚就在莊上住下了公館心中歎息這樣鄉村地面夜深時分還有人苦功讀書實爲可敬只不知這人是秀才是童生何不傳保正來問一問當下傳了潘保正來問道莊南頭廟門傍那一家夜裏念文章的是個甚麼人保正知道就是匡家悉把如此這般被火燒了租在這裏住這念文章的是他第二個兒子匡迥每日念到三四更鼓不是個秀才也不是個童生只是個小本生意

人知縣聽罷慘然吩咐道我這裏發一個帖子
你明日拿出去致意這匡迥說我此時也不便
約他來會現今考試在即叫他報名來應考如
果文章會做我提拔他保正領命下來次日清
早知縣進城回衙去了保正叩送了回來飛跑
走到匡家敲開了門說道恭喜匡超人問道何
事保正帽子裏取出一個單帖來遞與他上寫
侍生李本瑛拜匡超人看見是本縣縣主的帖
子嚇了一跳忙問老爹這帖是拜那個的保正

悉把如此這般老爺在你這裏過聽見你念文
章傳我去問我就說你如此窮苦如何行孝都
稟明了老爺老爺發這帖子與你說不日考校
叫你去應考是要抬舉你的意思我前日說你
氣色好主有個貴人星照命今日何如匡超人
喜從天降捧了這個帖子去向父親說了太公
也歡喜到晚他哥回來看見帖子又把這話向
他哥說了他哥不肯信過了幾天時縣裏果然
出告示考童生匡超人買卷子去應考考過了

發出圖案來取了覆試匡超人又買卷伺候知
縣坐了堂頭一個點名就是他知縣叫住道你
今年多少年紀了匡超人道童生今年二十二
歲知縣道你文字是會做的這回覆試更要用
心我少不得照顧你匡超人磕頭謝了領卷下
去覆試過兩次出了長案竟取了第一名案首
報到鄉里去匡超人拏手本上來謝知縣傳進
宅門去見了問其家裏這些苦楚便封出二兩
銀子來送他這是我分俸些須你拏去奉養父

母到家並發憤加意用功府考院考的時候你
再來見我我還資助你的盤費匡超人謝了出
來回家把銀子拿與父親把官說的這些話告
訴了一遍太公着實感激捧着銀子在枕上望
空磕頭謝了本縣老爺到此時他哥纔信了鄉
下眼界淺見匡超人取了案首縣裏老爺又傳
進去見過也就在庄上大家約着送過賀分到
他家來太公吩咐借間壁庵裏請了一天酒這
時殘冬已過開印後宗師按臨溫州匡超人叩

辭別知縣知縣又送了二兩銀子他到府府考過接着院考考了出來恰好知縣上轅門見學道在學道前下了一跪說畢職這取的案首匡迥是孤寒之士且是孝子就把他行孝的事細細說了學道道士先器識而後辭章果然內行克敦文辭都是末藝但昨看匡迥的文字理法雖畧有未清才氣是極好的貴縣請回領教便了只因這一番有分教婚姻締就孝便衰于二親科第取來心只繫乎兩榜未知匡超人這一

考得進學否且聽下回分解

寫匡超人孺慕之誠出於至性及纔歷仕途便爾停妻再娶勢使然耶抑亦達官道畜生道固同此一番輪回也

儒林外史第十六回